全球首个唯一系统化磁吸式中文学习教学游戏

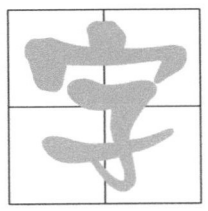  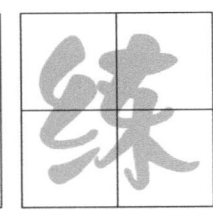 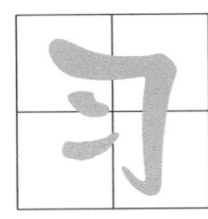 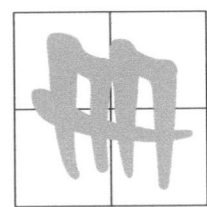

字游练习册

magictype® Lernspiel
Übungsheft 5 | 第阶

题卡特点

图片汉字配对 古诗词 小故事 谜语 接龙 自检

Dieses Übungsheft ermöglicht es Ihnen, zusammen mit den magictype® Lernspiel （www.magictype. de）, die am häufigsten verwendeten chinesischen Schriftzeichen lesen zu lernen. Auf jeder Seite finden Sie am unteren Rand die Lösungshilfe zu den jeweiligen Aufgaben. Wir hoffen, dass Sie viel Spaß und Erfolg beim Erlernen der chinesischen Schriftsprache haben.

This exercise book is designed to be used in conjunction with the magictype® game (www.magictype.de). It will allow you to learn the most often used Chinese characters. The solution to each exercise is printed at the bottom of the page. We wish you all success in your endeavor to master the Chinese language.

Autoren: heidelite GmbH
Illustrationen: Meiqiao Fang; Shuo Gao; Yueming Yuan
Designkonzept: Tianjin Long Yan advertising co., LTD
Lektorat: Qian Otto
Herausgeber: Qian Otto

Kontakt: mail@magictype.de
https://www.magictype.de
copyright: FEA Lernspiele UG
heidelite GmbH

请从字盒里找出下列位置的汉字

1-5	5-11
别	热

按下图，请将字块填入合适的方框中。

出心裁

有用心

[ ] 1

开生面

有天地

闹非凡

火朝天

[ ] 2

气腾腾

带雨林

请从字盒里找出下列位置的汉字

● 1 - 1
百

● 4 - 4
流

请将字块填入合适的方框中。这些字都可以组成不同的成语，注意箭头方向。

感交集
尺竿头
八经正

九教三
星赶月
如背倒

请从字盒里找出下列位置的汉字

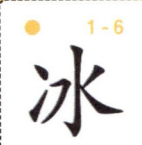

● 1-6 冰

● 4-4 流

请将字块填入合适的方框中。这些字都可以组成不同的成语，注意箭头方向。

1	星	流星赶月	大步流星
	水	行云流水	落花流水
2	雪	冰雪聪明	冰天雪地
	山	冰山一角	冰山难靠

答案：1: ● 4-4 2: ● 1-6

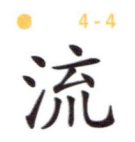

请从字盒里找出下列位置的汉字

5-1	5-2	5-3
奇	骑	其

请将字块填入合适的方框中。你注意到了吗，这些字发音相同，音调不同，意思也完全不同哦。

好
特 □ 异
1
怪

士
手 □ 车
2
马

它
余 □ 实
3
中

请从字盒里找出下列位置的汉字

• 3-11	• 5-2	• 7-13
经	骑	已

按下图，请将字块填入合适的方框中。

爸	爸	快	看	，
我			会	
车	了	。		

请从字盒里找出下列位置的汉字

● 1-4	● 2-7	● 8-13
备	发	准

按下图，请将字块填入合适的方框中。

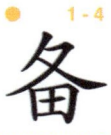

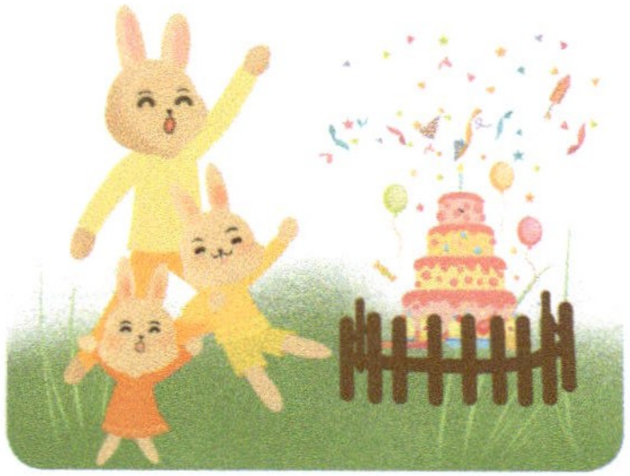

聚	会	就	要	开	始
了	，	我	们	1	2
出	3	了	。		

答案：1: ● 8-13 2: ● 1-4 3: ● 2-7

请从字盒里找出下列位置的汉字

● 4 - 10	● 5 - 11
闹	热

按下图，请将字块填入合适的方框中。

星	期	六	的	市	场
人	来	人	往	，	
	非	凡	。		

请从字盒里找出下列位置的汉字

1-6	1-7	2-12	4-3	4-7
冰	病	感	凉	冒

按下图，请将字块填入合适的方框中。

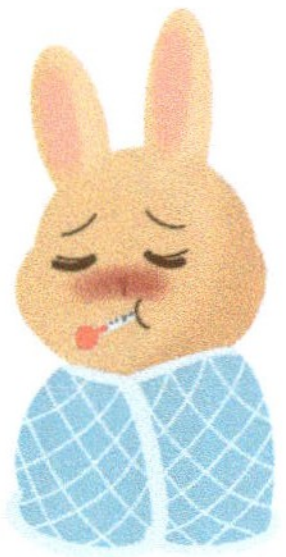

今	天	天	气	真	冷	啊	，
她	冻	得	手	脚	1	2	，
就	要	3	4	生	5	了	。

答案：1: ● 1-6 2: ● 4-3 3: ● 2-12 4: ● 4-7 5: ● 1-7

请从字盒里找出下列位置的汉字

1-10	1-11	3-1	3-11	4-4
常	迟	汗	经	流

按下图，请将字块填入合适的方框中。

小	明	上	学	1	2	3
到	，	每	天	都	4	5
满	面	跑	进	教	室	。

请从字盒里找出下列位置的汉字

● 2-12	● 3-15	● 4-4	● 5-6	● 5-10
感	泪	流	情	让

按下图，请将字块填入合适的方框中。

这	部	☐ 1	☐ 2	电	视	剧
真	☐ 3	人	感	动	，	我
都	看	得	☐ 4	☐ 5	了	。

请从字盒里找出下列位置的汉字

2-7	2-15	5-1	7-1	7-5
发	怪	奇	物	现

按下图，请将字块填入合适的方框中。

小	明	晚	上	做	了	一	个	梦	，	梦
见	自	己	游	到	了	海	底	，	看	到
了	很	多	1	2	的	动	3	，	还	4
5	了	一	个	大	宝	藏	。			

请从字盒里找出下列位置的汉字

请将字块填入合适的方框中。你发现了吗，它们的偏旁都是三点水。想想看为什么呢？

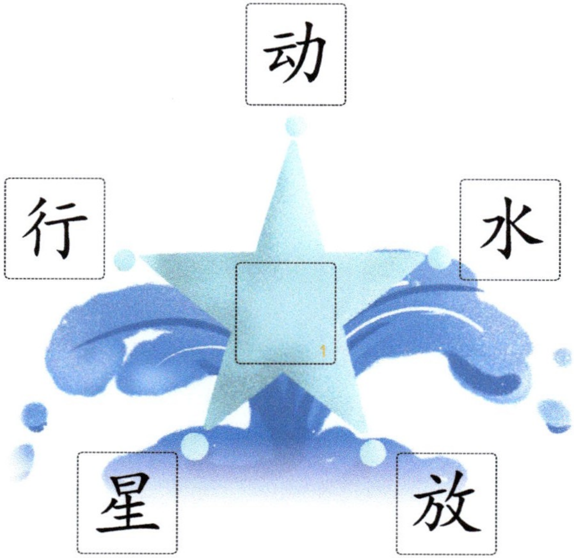

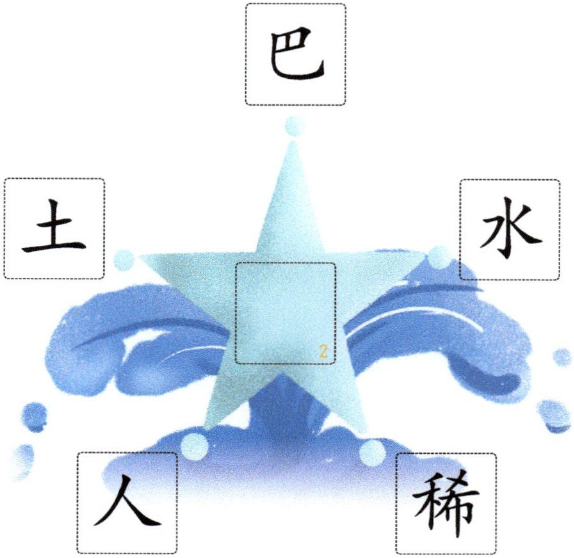

动

行　　　水

星　　　放

巴

土　　　水

人　　　稀

请从字盒里找出下列位置的汉字

7-3
洗

7-15
油

请将字块填入合适的方框中。你发现了吗，它们的偏旁都是三点水。想想看为什么呢？

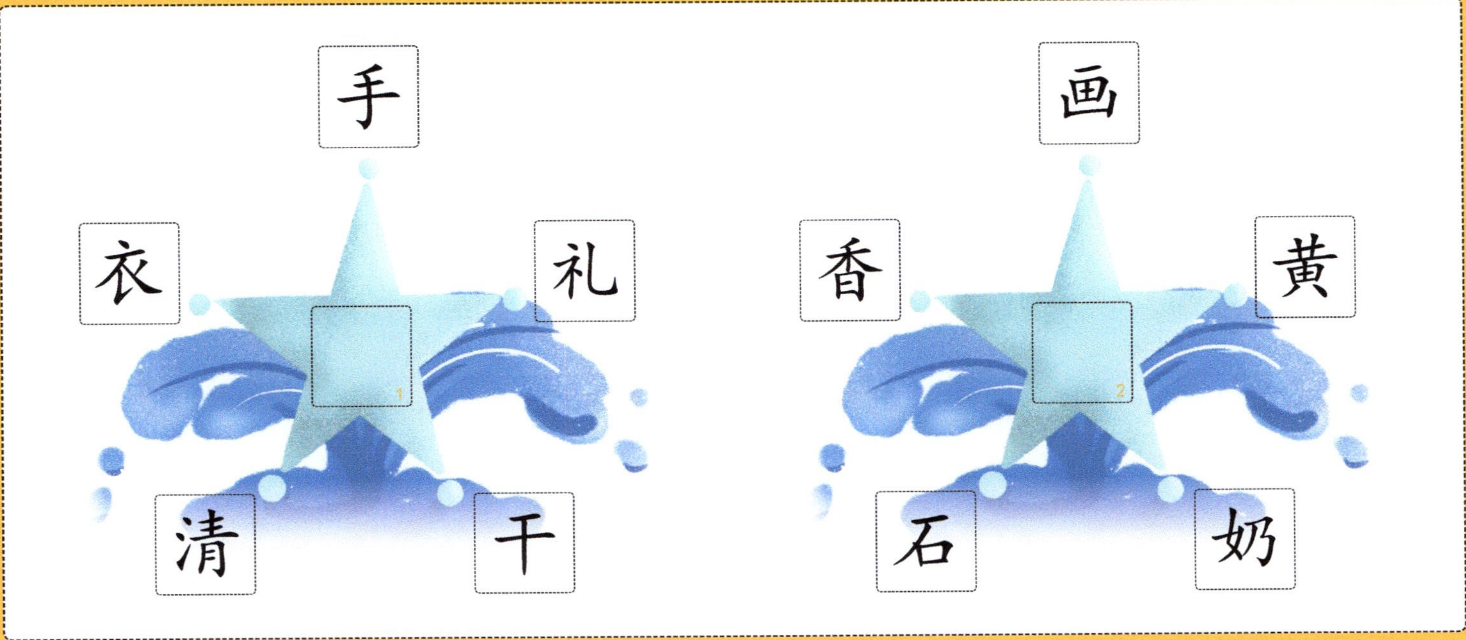

手

画

衣　　礼

香　　黄

清　　干

石　　奶

请从字盒里找出下列位置的汉字

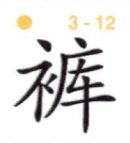

3-12	5-4	6-6	7-7	7-9
裤	墙	条	鞋	信

按下图，请将字块填入合适的方框中。注意不同的东西量词是不同的。

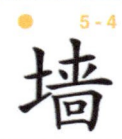

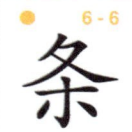

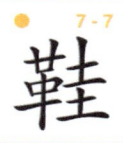

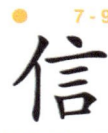

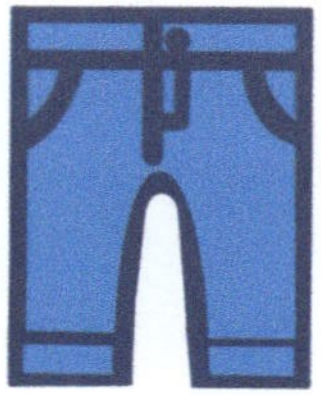

一 [1]
[2] 子

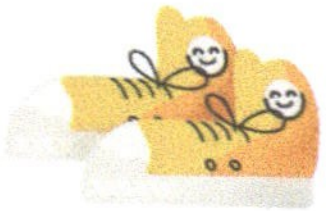

一 双 [3]

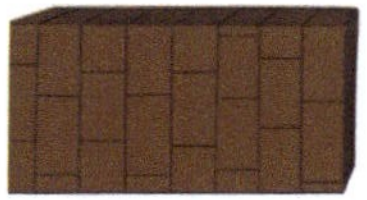

一 面 [4]

一 封 [5]

答案：1：6-6 • 2：3-12 • 3：7-7 • 4：5-4 • 5：7-9

请从字盒里找出下列位置的汉字

3 - 6	4 - 1	4 - 15	6 - 6	6 - 14	8 - 8
狐	狸	皮	条	窝	钟

按下图，请将字块填入合适的方框中。注意不同的东西量词是不同的。

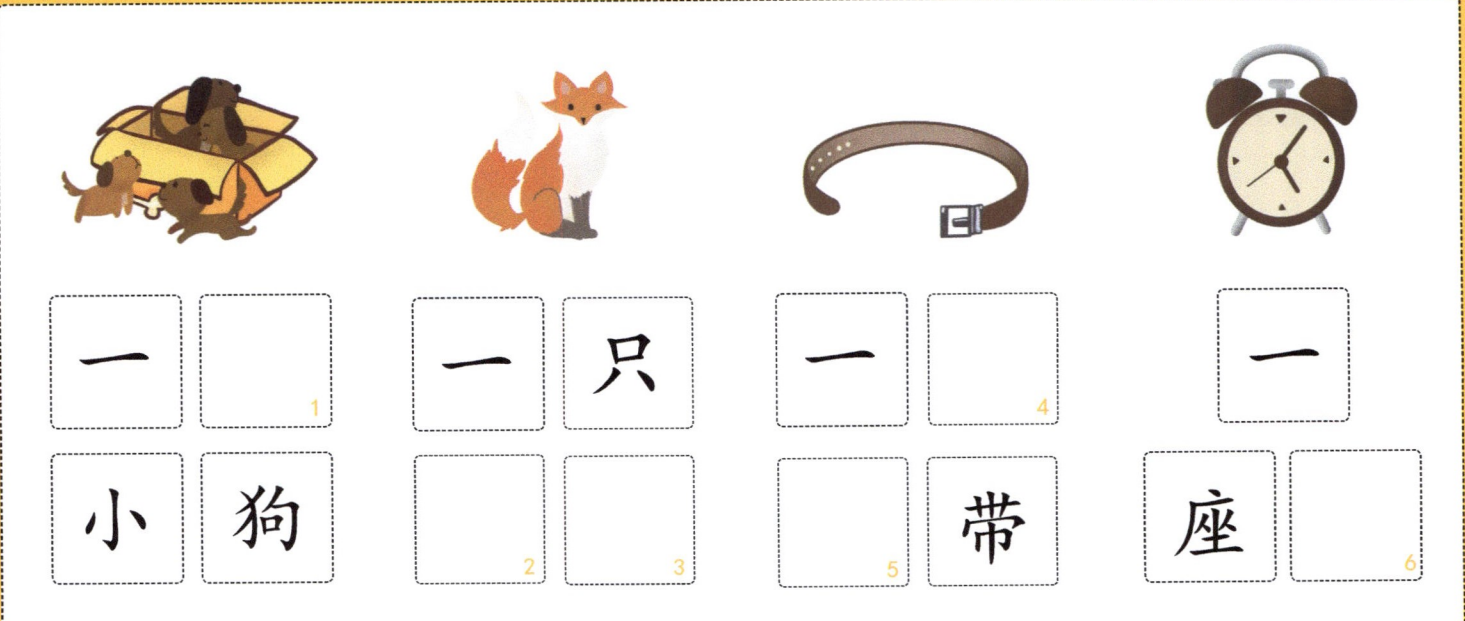

一 ⬜
小 狗

一 只
⬜ ⬜

一 ⬜
⬜ 带

一 ⬜
座 ⬜

请从字盒里找出下列位置的汉字

• 6 - 3	• 7 - 10	• 7 - 14	• 8 - 7
松	行	影	枝

按下图，请将字块填入合适的方框中。注意不同的东西量词是不同的。

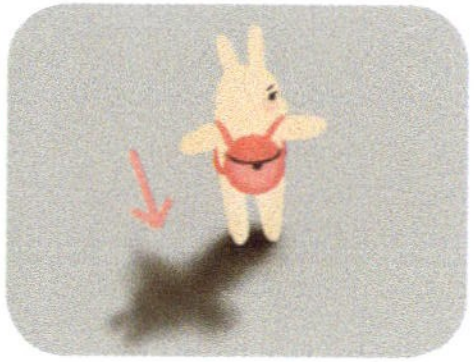

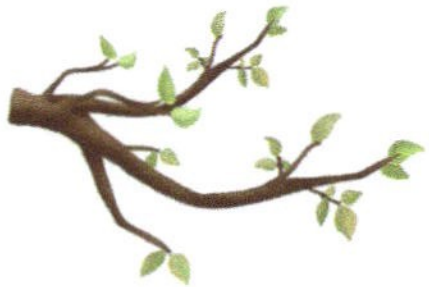

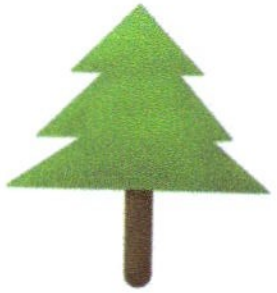

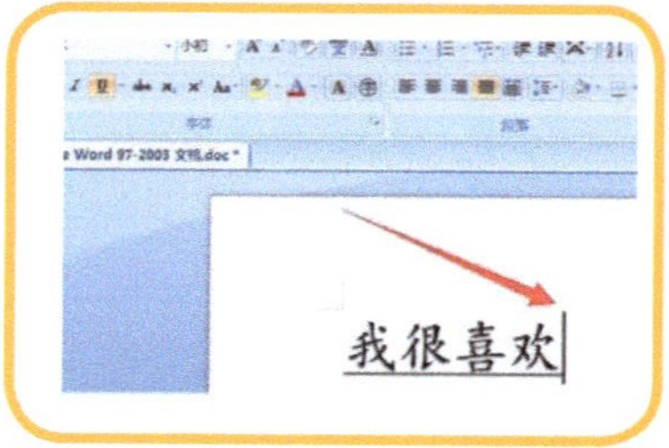

一	个		一	根		一	棵		一	
	子		树				树			字
1				2		3			4	

请从字盒里找出下列位置的汉字

● 1-6	● 4-3	● 4-13	● 6-8	● 7-14	● 7-15
冰	凉	暖	透	影	油

请将字块填入合适的方框中。

春 天 来 了 ， [1] 雪 融 化 了 。 冰

[2] 的 河 水 变 [3] 了 。 岸 上 的 小 河

草 绿 [4] 油 的 ， 十 分 可 爱 ； 河

边 柳 树 的 [5] 子 ， 倒 映 在 [6] 明

的 河 水 中 ， 美 丽 极 了 。

请从字盒里找出下列位置的汉字

● 3-4	● 3-6	● 4-1	● 5-9	● 7-1
忽	狐	狸	然	物

请将字块填入合适的方框中。故事《狐假虎威》（一）

老虎是森林之王，动 ☐[1] 们都很怕他。有一天，老虎抓到一只 ☐[2] ☐[3]，刚准备吃掉他。☐[4] ☐[5] 听狐狸说："你怎么敢吃我呢？我可是上天派来管理所有的动物的。"老虎一听愣了。

请从字盒里找出下列位置的汉字

2-13	3-6	4-1	7-9
跟	狐	狸	信

请将字块填入合适的方框中。故事《狐假虎威》（二）

☐₁ ☐₂ 赶 紧 说 ： " 你 要 不 ☐₃ ， 我 们 到 森 林 里 走 一 走 ， 看 看 动 物 们 怕 不 怕 我 。 " 老 虎 将 信 将 疑 ， 决 定 ☐₄ 着 狐 狸 走 一 走 。 它 们 一 起 走 进 了 森 林 。

请从字盒里找出下列位置的汉字

● 2-13	● 3-6	● 4-1	● 4-5	● 6-2	● 7-1	● 7-9
跟	狐	狸	忙	甩	物	信

请将字块填入合适的方框中。故事《狐假虎威》（三）

动 [1] 们 看 到 狐 狸 [2] 着 大 尾 巴 地 走

在 前 面 ， 后 面 [3] 着 一 只 大 老 虎 ，

都 吓 得 赶 紧 逃 走 了 。 老 虎 以 为 大

家 害 怕 [4] [5] ， 就 相 [6] 了 狐 狸 的 话

， 也 急 急 [7] 忙 地 逃 跑 了 。

请从字盒里找出下列位置的汉字

7 - 10

请将字块填入合适的方框中。注意这个字有两个不同的读音，意思完全不同。把它放在不同的方框里，想想看它应该怎么读，词语的意思是什么。

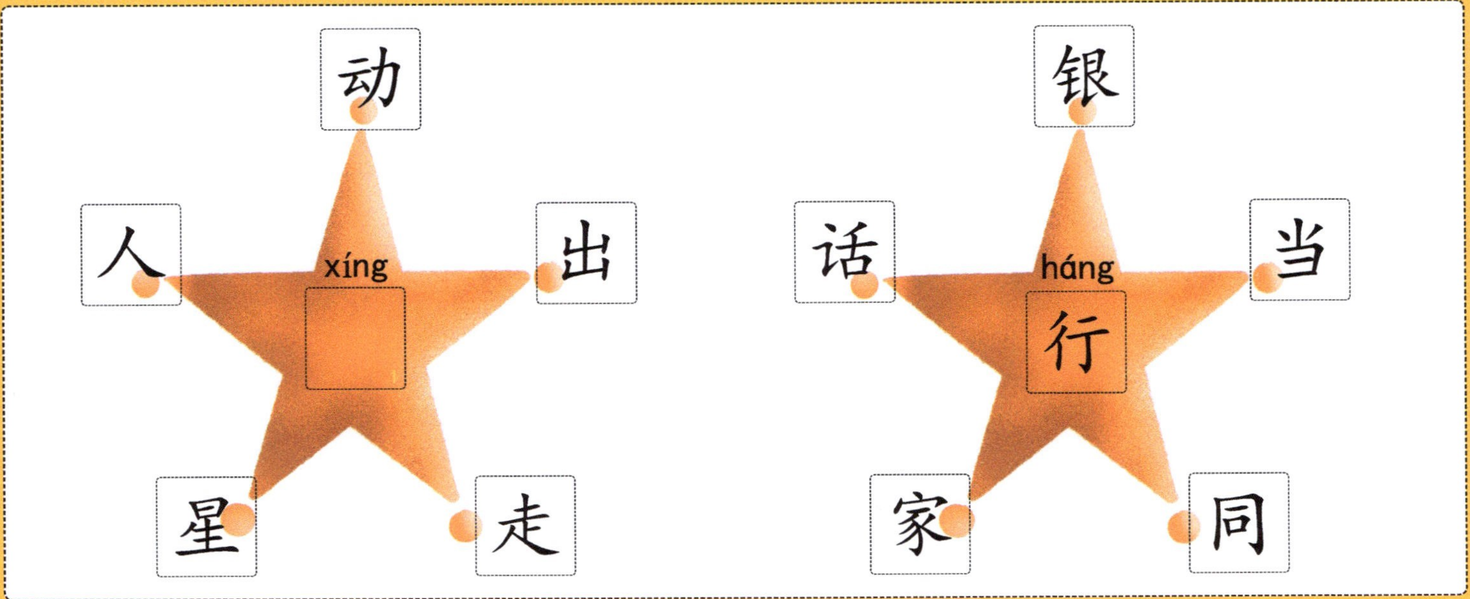

动

人　　xíng　　出

星　　走

银

话　　háng　　当

行

家　　同

请从字盒里找出下列位置的汉字

 1-3 包　 1-13 床　 6-15 屋　 7-9 信

按下图，请将字块填入合适的方框中。

□ 1

□ 2

□ 3

□ 4

请从字盒里找出下列位置的汉字

 3-12 裤
 4-6 帽
 5-8 裙
 6-10 袜

按下图，请将字块填入合适的方框中。

子 1

子 2

子 3

子 4

请从字盒里找出下列位置的汉字

● 3-6	● 4-1	● 6-3	● 6-14	● 8-2
狐	狸	松	窝	羽

按下图，请将字块填入合适的方框中。

 ☐ 1 毛    ☐ 2 ☐ 3

 ☐ 4 树    鸟 ☐ 5

请从字盒里找出下列位置的汉字

 5-13 师
 6-7 桶
 6-11 碗
枝 8-7

按下图，请将字块填入合适的方框中。

 水 [ ]₁

 树 [ ]₃

 [ ]₂

 老 [ ]₄

请从字盒里找出下列位置的汉字

 2-14 钩　 3-8 机　 4-10 闹　 7-15 油　 8-8 钟

按下图，请将字块填入合适的方框中。

　□ 1　□ 2

　□ 3　子

　飞　□ 4

　□ 5

请从字盒里找出下列位置的汉字

 2-10 盖
 5-12 扫
 7-7 鞋
 8-9 猪

按下图，请将字块填入合适的方框中。

1

	子
3	

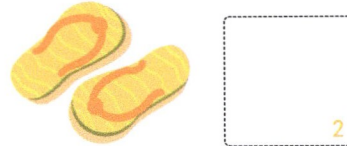
2

	把
4	

请从字盒里找出下列位置的汉字

● 1-12	● 2-1	● 3-12	● 4-6	● 6-9	● 6-10	● 7-7
穿	戴	裤	帽	腿	袜	鞋

按下图，请将字块填入合适的方框中。

头	上			子	，		上
		子	，	脚	上	穿	
子	，	走	路	穿		子	。

请从字盒里找出下列位置的汉字

6-3 松　7-10 行　8-5 站　8-8 钟

按下图，请将字块填入合适的方框中。

	如		，
坐	如		，
	如	风	！

请从字盒里找出下列位置的汉字

1-12	2-12	3-1	4-3	4-7	5-11	6-1	8-12
穿	感	汗	凉	冒	热	受	装

按下图，请将字块填入合适的方框中。

冬天 [1] 冬 [2]，夏天穿

夏装。夏天穿冬装，

[3] 得 [4] 直 [5]。冬天穿

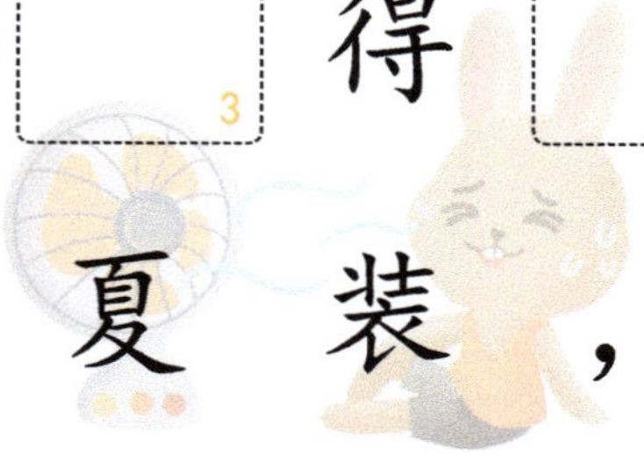

夏装，会 [6] [7] [8] [9]。

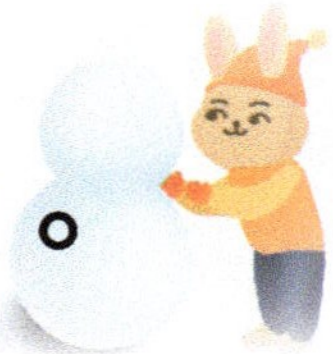

答案：1: ● 1-12　2: ● 8-12　3: ● 5-11　4: ● 3-1　5: ● 4-7　6: ● 6-1　7: ● 4-3　8: ● 2-12　9: ● 4-7

请从字盒里找出下列位置的汉字

1 - 11	2 - 6	2 - 11
迟	饵	竿

请将字块填入合适的方框中，学习字的结构。

	中	有	个	"	尺	"
	中	有	个	"	耳	"
	中	有	个	"	干	"

请从字盒里找出下列位置的汉字

● 3-8	● 4-1	● 4-6	● 4-7
机	狸	帽	冒

请将字块填入合适的方框中，学习字的结构。

	中	有	个	"	几	"
	中	有	个	"	里	"
	中	有	个	"		"

请从字盒里找出下列位置的汉字

4 - 12	5 - 1	5 - 2	5 - 6
您	奇	骑	情

请将字块填入合适的方框中，学习字的结构。

	中	有	个	"	你	"
1						
	中	有	个	"	青	"
2						
	中	有	个	"		"
3					4	

请从字盒里找出下列位置的汉字

6 - 13

7 - 6

8 - 8

请将字块填入合适的方框中，学习字的结构。

	中	有	个	"	王	"
1	中	有	个	"	向	"
2	中	有	个	"	中	"
3						

请从字盒里找出下列位置的汉字

2 - 10	4 - 13	6 - 14	8 - 7
盖	暖	窝	枝

按下图，请将字块填入合适的方框中。

小	鸟	用	树	
	窝	，	鸟	
真		和	。	

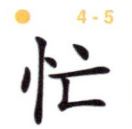

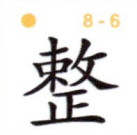

请从字盒里找出下列位置的汉字

● 4-5	● 8-6
忙	整

按下图，请将字块填入合适的方框中。

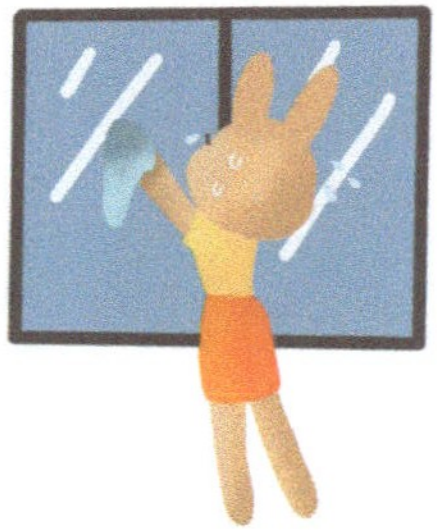

爸	爸	妈	妈
很	1	，	2
个	白	天	都
在	上	班	。

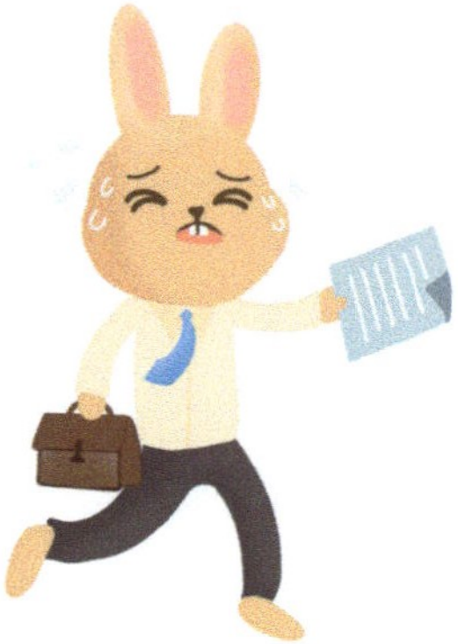

请从字盒里找出下列位置的汉字

4-10	5-11
闹	热

按下图，请将字块填入合适的方框中。

我	们	家	里	的	人	很	多	，	春	节
都	到	爷	爷	家	过					
年	，	很		1	2	。				

请从字盒里找出下列位置的汉字

1-9	5-7	5-14	7-7
擦	全	湿	鞋

按下图，请将字块填入合适的方框中。

今	天	下	大	雨	，	我
的		子			了	。
				1	2	3
回	家	后	，	我	把	鞋
子		干	。			
	4					

请从字盒里找出下列位置的汉字

1-10	1-11	1-13	3-10	8-3
常	迟	床	结	远

按下图，请将字块填入合适的方框中。

小	明	家	里	很	1	，	他	
还	2	常	起	3	晚	，	4	
果	他	上	学	常	常	5	到	。

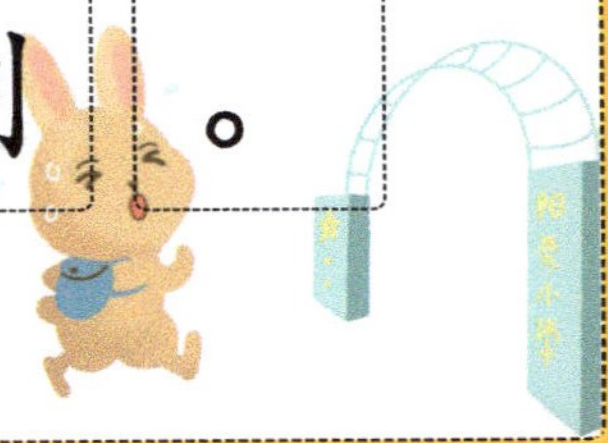

答案：1: ● 8-3 2: ● 1-10 3: ● 1-13 4: ● 3-10 5: ● 1-11

请从字盒里找出下列位置的汉字

• 1-6	• 1-7	• 2-12	• 4-3	• 5-5	• 8-6
冰	病	感	凉	轻	整

按下图，请将字块填入合适的方框中。

我	生	1	了	，	2
到	3	个	身	体	4
5	凉	的	，	6	飘
飘	的	。			

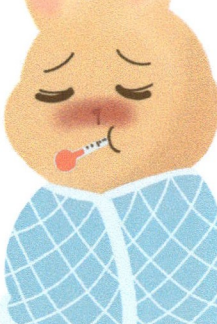

请从字盒里找出下列位置的汉字

2-3	2-6	2-11
钓	饵	竿

按下图，请将字块填入合适的方框中。

我	扛	着	鱼
〔1〕	，	带	着
很	多	鱼	〔2〕
去	〔3〕	鱼	。

请从字盒里找出下列位置的汉字

2 - 4	3 - 12	4 - 5	5 - 10	7 - 12
叠	裤	忙	让	衣

按下图，请将字块填入合适的方框中。

妈 妈 说 要 我 帮

□ 做 家 务 ， □

我 把 上 □ 和 □

子 □ 好 。

请从字盒里找出下列位置的汉字

2-1	4-6	5-2	5-7	7-10
戴	帽	骑	全	行

按下图，请将字块填入合适的方框中。

我	每	天	都	⬜₁	自	⬜₂
车	去	上	学	。	骑	车
的	时	候	，	我	都	会
⬜₃	好	安	⬜₄	⬜₅	。	

请从字盒里找出下列位置的汉字

2-15	3-4	5-1	5-9
怪	忽	奇	然

按下图，请将字块填入合适的方框中。

今	天	天	气	很	1	2	，	刚	才
还	是	晴	天	，	一				
会	3	4	就	下	起				
雨	来	了	。						

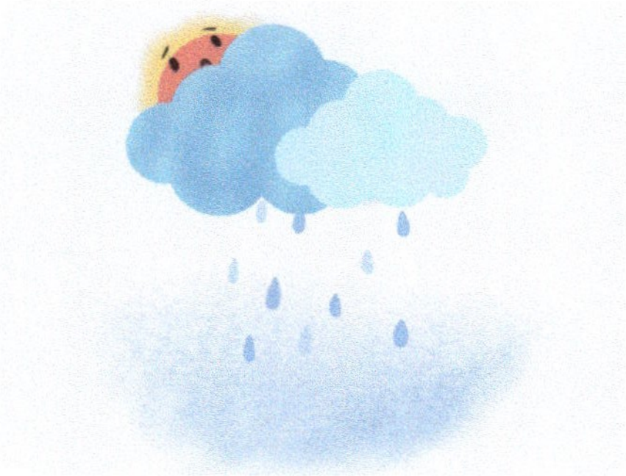

请从字盒里找出下列位置的汉字

● 5-5	● 8-2	● 8-7
轻	羽	枝

按下图，请将字块填入合适的方框中。

一	片	[1]	毛
[2]	轻	地	落
在	树	[3]	上

请从字盒里找出下列位置的汉字

● 1-9	● 2-7	● 5-9	● 6-2	● 6-3	● 7-3
擦	发	然	甩	松	洗

按下图，请将字块填入合适的方框中。

她		开		绳	，
	了	洗	头	发	，
	干	了	，		后
	了	甩	。		

请从字盒里找出下列位置的汉字

1-4	1-14	2-3	2-11	8-13
备	粗	钓	竿	准

按下图，请将字块填入合适的方框中。

这	些	竹	子	很	①	，	农
民	伯	伯	用	了	很	大	的
力	气	，	才	砍	下	来	，
②	③	用	来	做	④	鱼	⑤ 。

请从字盒里找出下列位置的汉字

按下图，请将字块填入合适的方框中。

他	是	一	个	有	名
的	歌	手	，	他	的
歌	声	很	动	听	。
今	天	在	台	上	的
		很	好	。	

请从字盒里找出下列位置的汉字

1 - 10	3 - 11	5 - 6	6 - 12
常	经	情	忘

按下图，请将字块填入合适的方框中。

奶	奶	老	了	，	
常		了	要	做	的
事		。	我		常
告	诉	她	。		

请从字盒里找出下列位置的汉字

● 1-10	● 2-8	● 3-11	● 4-9
常	法	经	脑

按下图，请将字块填入合适的方框中。

人	的	大	(1)	很	聪	明	，	会	想
出	很	多	办	(2)	。	我	们	要	(3)
(4)	用	我	们	的	大	脑	，	才	能
知	道	更	多	。					

请从字盒里找出下列位置的汉字

● 1-11	● 2-2	● 4-10	● 8-8
迟	第	闹	钟

按下图，请将字块填入合适的方框中。

小	朋	友	每	天	睡	觉	前	上	[1]
[2]	，	[3]	二	天					
上	学	就	不	会					
[4]	到	了	。						

请从字盒里找出下列位置的汉字

2-8	5-9	7-2	7-5	7-8	7-9
法	然	稀	现	写	信

按下图，请将字块填入合适的方框中。

我 喜 欢 给 朋 友 用 中 文 ☐₁ 信 。 虽

☐₂ ☐₃ 在 这 样 的 人 很 ☐₄ 少 了 ， 但

是 我 还 是 更 喜

欢 字 写 在 ☐₅ 纸

上 的 方 ☐₆ 。

请从字盒里找出下列位置的汉字

2-8	7-5	7-6	7-8	7-14
法	现	响	写	影

按下图，请将字块填入合适的方框中。

在	爷	爷	的	1	2	下	，	我
3	在	很	爱	4	书	5	。	中
文	写	下	来	真	好	看	。	

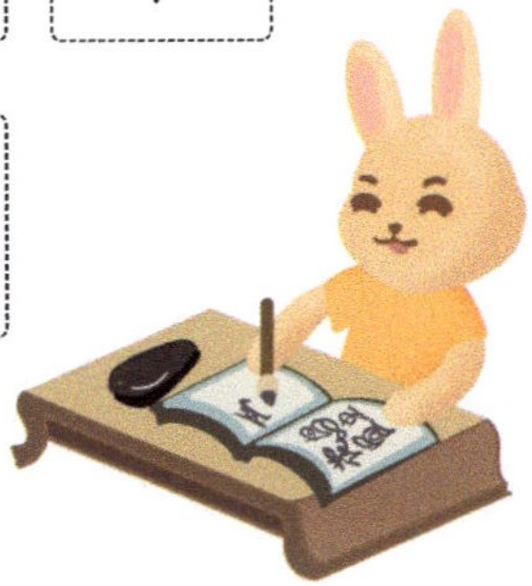

答案：1: ● 7-14 2: ● 7-6 3: ● 7-5 4: ● 7-8 5: ● 2-8

请从字盒里找出下列位置的汉字

 2-8 法

 4-9 脑

 6-4 算

按下图，请将字块填入合适的方框中。

这	道	题	有	不	同
₁	₂	。	我	要	开
动	大	₃	，	多	想
出	几	种	。		

请从字盒里找出下列位置的汉字

 1 - 3 包
 6 - 8 透
 7 - 1 物
 8 - 12 装

按下图，请将字块填入合适的方框中。

这	是	一	张	1
明	的	纸	。	可
以	用	来	2	3
礼	4	。		

请从字盒里找出下列位置的汉字

● 5-7	● 7-1	● 7-2
全	物	稀

按下图，请将字块填入合适的方框中。

熊 猫 是 一 种 很 ⬚1 有 的 动 ⬚2 ， 得

到 ⬚3 世 界 人 名 的 喜

爱 。 柏 林 动 物 园 最

近 也 从 中 国 运 来 了

一 对 熊 猫 。

请从字盒里找出下列位置的汉字

2-12	3-1	5-7	6-5
感	汗	全	踢

按下图，请将字块填入合适的方框中。

我	爱	1	球	，	爱	2
场	飞	跑	的	3	觉	。
踢	球	总	会	出	很	多
4	，	真	痛	快	！	

答案：1: ● 6-5 2: ● 5-7 3: ● 2-12 4: ● 3-1

请从字盒里找出下列位置的汉字

1-3	4-6	8-6	8-12
包	帽	整	装

按下图，请将字块填入合适的方框中。

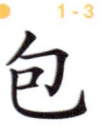

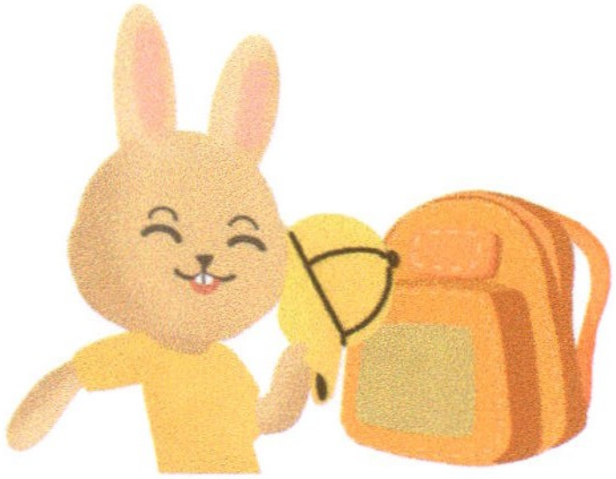

每	天	晚	上	，	我	都	自
己	1	理	书	2	。	今	天
	早	上	，	我	把	3	子
	也	4	进	书	包	里	。

答案：1: ● 8-6 2: ● 1-3 3: ● 4-6 4: ● 8-12

请从字盒里找出下列位置的汉字

● 1-10	● 1-15	● 2-7	● 8-3	● 8-5	● 8-10
常	呆	发	远	站	主

按下图，请将字块填入合适的方框中。

小 狗 的 ☐₁ 人 对 小 狗

很 好 。 ☐₂ 常 主 人 ☐₃

着 ☐₄ ☐₅ 时 ， 小 狗 就

会 ☐₆ 远 地 跑 过 来 ，

和 他 一 起 玩 。

请从字盒里找出下列位置的汉字

1-12	2-1	4-6	7-4	7-5	7-7	7-12
穿	戴	帽	系	现	鞋	衣

按下图，请将字块填入合适的方框中

我	慢	慢	长	大	了	，	我	会	自
己	1	2	子	，	3	4	服	，	5
在	我	会	自	己	6	7	带	啦	。

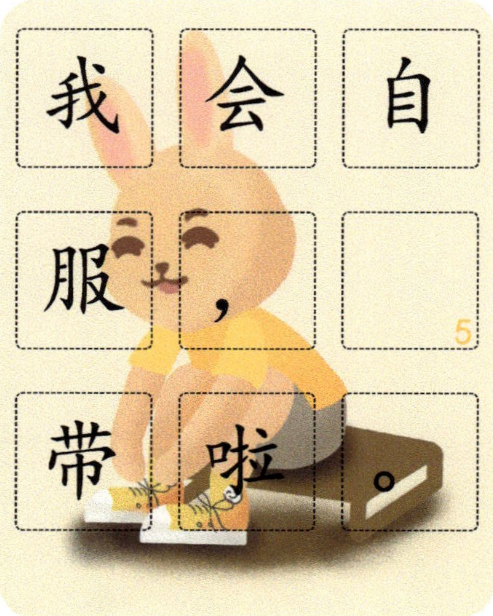

请从字盒里找出下列位置的汉字

1-6	3-15	4-3	4-4
冰	泪	凉	流

按下图，请将字块填入合适的方框中。

我	有	点	伤	心	，	
眼	①	②	到	我	的	
脸	上	，	③	④	凉	的	。

请从字盒里找出下列位置的汉字

● 2-4	● 3-14	● 5-12	● 6-11	● 7-1	● 7-3	● 7-12
叠	劳	扫	碗	物	洗	衣

按下图，请将字块填入合适的方框中。

我	是	一	个	爱	(1)	动
的	好	孩	子	。	我	会
帮	妈	妈	(3)	，		(4)
(5)	(6)	，	(7)	地	。	

请从字盒里找出下列位置的汉字

2-1	2-12	3-2	4-12	5-3	5-13	8-11
戴	感	贺	您	其	师	祝

按下图，请将字块填入合适的方框中。

我	和	1	他	同	学	们	为	老
师	2	上	红	花	，	3	4	他
得	奖	。	5	谢	6	，	我	们
的	老	7	！					

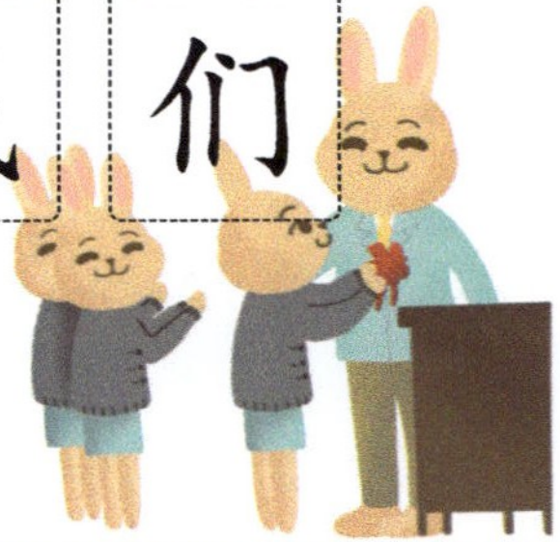

答案：1: ● 5-3　2: ● 2-1　3: ● 8-11　4: ● 3-2　5: ● 2-12　6: ● 4-12　7: ● 5-13

请从字盒里找出下列位置的汉字

1-13	4-8	7-1
床	那	物

按下图，请将字块填入合适的方框中。

我：妈妈，我的生日礼 ＿1

在哪里？

妈妈：你的礼物在 ＿2 里。

我放在你的 ＿3 上了。

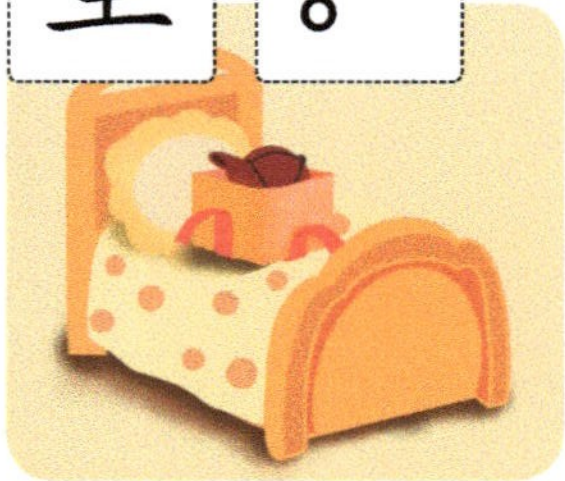

答案：1: ● 7-1 2: ● 4-8 3: ● 1-13

请从字盒里找出下列位置的汉字

1-5	3-6	4-1	5-9	6-12	7-1
别	狐	狸	然	忘	物

按下图，请将字块填入合适的方框中。

大 自 ⬚ 的 动 ⬚ 数 也 数 不 清 。 狗
熊 ， 鹿 ， 燕 子 ， ⬚ ⬚ ， 兔 子 ，
它 们 都 是 我 们 的 好 朋 友 ， ⬚ ⬚
记 要 爱 它 们 。

请从字盒里找出下列位置的汉字

按下图，请将字块填入合适的方框中。找找句子中还有哪个字带"包"？

宝	宝	爱	吃
	子	，	吃
饱	了		妈
妈	抱	抱	。

请从字盒里找出下列位置的汉字

 3-5 呼

 5-6 情

按下图，请将字块填入合适的方框中。找找句子中还有哪个字带"青"？

天	晴	晴	，	草	青
青	，	小	河	水	清
清	，	小	猫	有	个
好	心	1	，	2	来
小	蜻	蜓	。		

请从字盒里找出下列位置的汉字

● 1-13	● 2-7	● 4-6	● 5-8	● 6-6
床	发	帽	裙	条

按下图，请将字块填入合适的方框中。

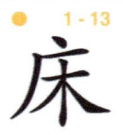

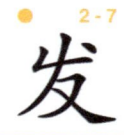

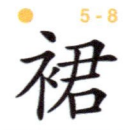

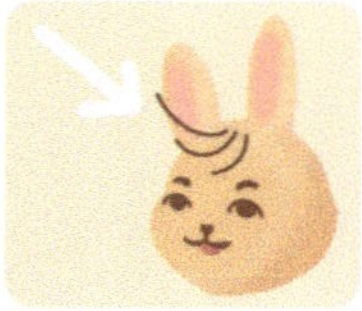

三 根 头 [ ]1

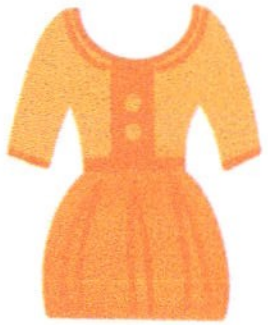

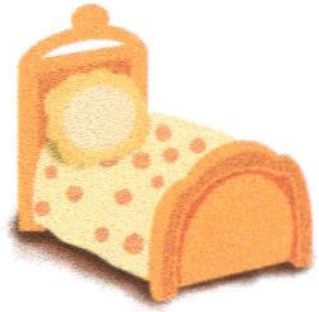

一 张 [ ]4

一 [ ]2

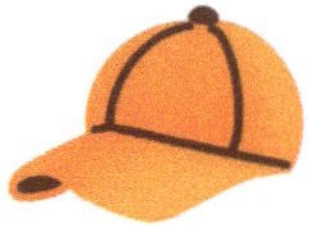

一 顶 [ ]5 子

[ ]3 子

答案：1: ● 2-7 2: ● 6-6 3: ● 5-8 4: ● 1-13 5: ● 4-6

请从字盒里找出下列位置的汉字

1-6	3-12	3-13	6-6	6-7	8-2
冰	裤	块	条	桶	羽

按下图，请将字块填入合适的方框中。

	一	1	2	子			
	一	4	水			一	片
	一	5	6			3	毛

答案：1: ● 6-6 2: ● 3-12 3: ● 8-2 4: ● 6-7 5: ● 3-13 6: ● 1-6

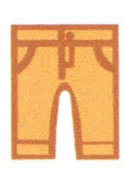

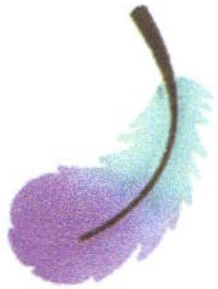

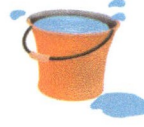

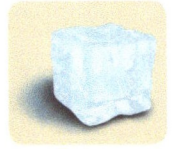

请从字盒里找出下列位置的汉字

1-1	3-2	3-7
百	贺	坏

请将字块填入合适的方框中，学习字的结构。

例	：	禾	+	口	=	和
		白	+	一	=	
		加	+	贝	=	
		土	+	不	=	

请从字盒里找出下列位置的汉字

3 - 8	4 - 12	5 - 2
机	您	骑

请将字块填入合适的方框中，学习字的结构。

例	：	禾	＋	口	＝	和
		木	＋	几	＝	
		你	＋	心	＝	
		马	＋	奇	＝	

请从字盒里找出下列位置的汉字

● 6-3	● 7-5	● 7-6
松	现	响

请将字块填入合适的方框中，学习字的结构。

例	：	禾	＋	口	＝	和
		木	＋	公	＝	1
		王	＋	见	＝	2
		口	＋	向	＝	3

请从字盒里找出下列位置的汉字

3-4	7-6	3-13	3-6	4-1	3-11	4-12	5-9	6-13	8-2	8-5	8-7
忽	响	块	狐	狸	经	您	然	望	羽	站	枝

请将字块填入合适的方框中。故事《小鸟和狐狸》（一）

一只小鸟在树 ☐1 上 ☐2 着，它的嘴里有一 ☐3 肉。 ☐4 ☐5 在树下 ☐6 过， ☐7 ☐8 抬头，看见了小鸟。狐狸 ☐9 着小鸟说："☐10 的 ☐11 毛真美丽，您的歌声很 ☐12 亮，我想听您唱歌！"

请从字盒里找出下列位置的汉字

2-5	2-12	4-5	5-9	8-1	8-2
抖	感	忙	然	于	羽

请将字块填入合适的方框中。故事《小鸟和狐狸》（二）

小鸟听了，□₁ 到 很 高 兴 ，□₂
是 它 □₃ 抖 □₄ 毛 ，唱 起 歌 来 。
它 一 张 嘴 ，肉 就 掉 了 下 来 。
狐 狸 □₅ 接 住 肉 ，□₆ 后 跑 走 了 。

请从字盒里找出下列位置的汉字

7-14	1-15	1-11	3-6	3-11	4-1	6-13	7-5	7-9	7-13	8-3	8-5
影	呆	迟	狐	经	狸	望	现	信	已	远	站

请将字块填入合适的方框中。故事《小鸟和狐狸》（三）

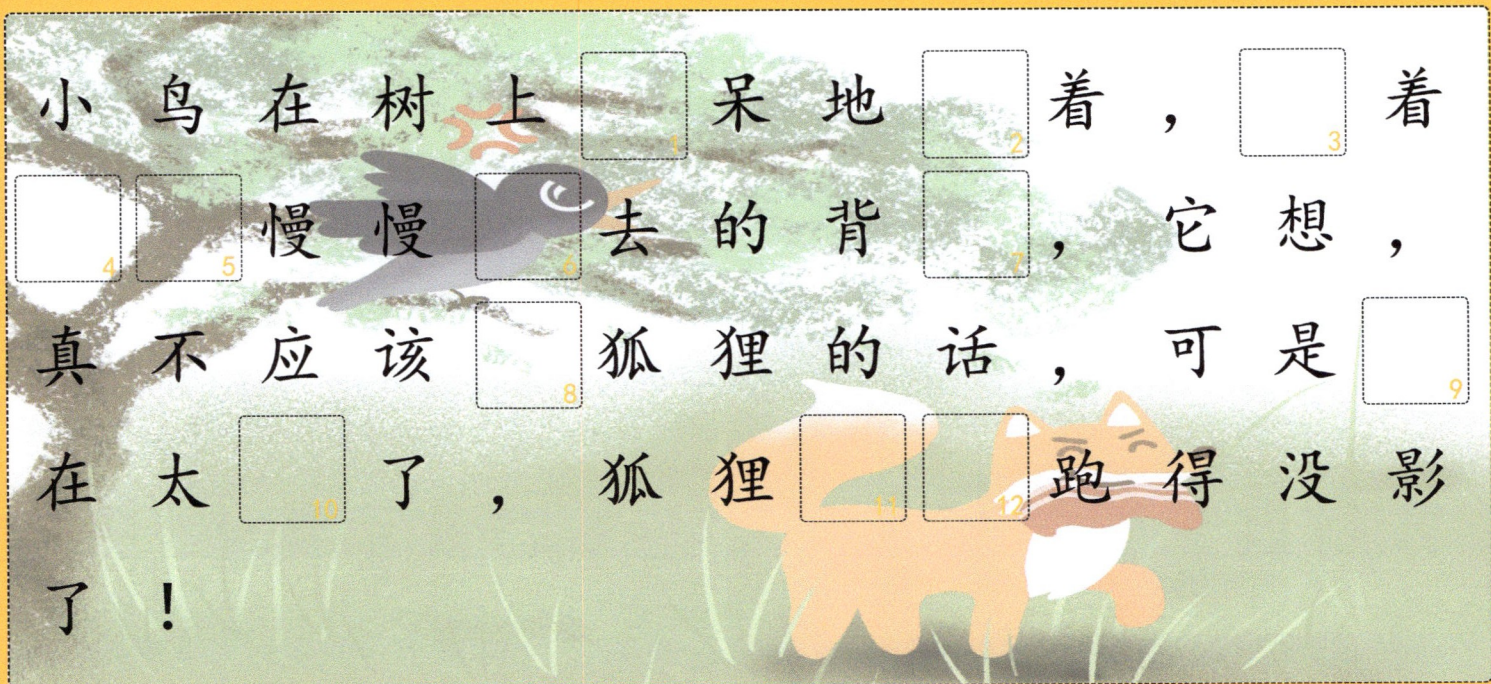

小 鸟 在 树 上 ☐1 呆 地 ☐2 着 ， ☐3 着 ☐4 ☐5 慢 慢 ☐6 去 的 背 ☐7 ， 它 想 ， 真 不 应 该 ☐8 狐 狸 的 话 ， 可 是 ☐9 在 太 ☐10 了 ， 狐 狸 ☐11 ☐12 跑 得 没 影 了 ！

请从字盒里找出下列位置的汉字

1-4	2-2	2-10	3-10	3-14	4-11	5-15	8-7	8-9	8-13
备	第	盖	结	劳	泥	实	枝	猪	准

请将字块填入合适的方框中。故事《三只小猪盖小屋》（一）

三 只 小 [ ]1 [ ]2 小 屋 。 [ ]3 一 只 小 猪 不 爱 [ ]4 动 ， 拔 了 一 堆 草 ， 很 快 盖 好 了 一 座 草 屋 ； 第 二 只 也 不 爱 劳 动 ， 拔 了 一 堆 树 [ ]5 ， 很 快 盖 了 一 座 树 枝 屋 ； 第 三 只 小 猪 爱 劳 动 ， 干 活 认 真 ， 它 [ ]6 [ ]7 了 很 多 [ ]8 和 土 ， 盖 了 一 座 [ ]9 [ ]10 的 泥 土 屋 。

请从字盒里找出下列位置的汉字

2-7	3-5	1-7	2-5	2-2	3-7	4-2	4-11	4-13	6-15	8-7	8-9
发	呼	病	抖	第	坏	怜	泥	暖	屋	枝	猪

请将字块填入合适的方框中。故事《三只小猪盖小屋》（二）

冬 天 来 了 ， 天 很 冷 ， 大 风 ☐[1] 呼 地

吹 ！ 草 ☐[2] 倒 了 ， 树 ☐[3] 屋 也 ☐[4] 了 ，

☐[5] 一 只 和 第 二 只 小 ☐[6] 都 冷 得 ☐[7] ☐[8]

生 ☐[9] 了 ， 好 可 ☐[10] 。 第 三 只 小 猪 的

☐[11] 土 屋 很 ☐[12] 和 ， 他 住 在 泥 土 屋 里

， 它 没 有 生 病 。

请从字盒里找出下列位置的汉字

5-2	5-5	8-1
骑	轻	于

请将字块填入合适的方框中，并诵读诗歌。

《塞下曲》 (唐·卢纶)

月 黑 雁 飞 高 ，

单 ☐₁ 夜 遁 逃 。

欲 将 ☐₂ ☐₃ 逐 ，

大 雪 满 弓 刀 。

请从字盒里找出下列位置的汉字

4-11	5-6	7-1
泥	情	物

请将字块填入合适的方框中，并诵读诗歌。

《己亥杂诗》 (清·龚自珍)

浩 荡 离 愁 白 日 斜 ，
吟 鞭 东 指 即 天 涯 。
落 红 不 是 无 ☐1 ☐2 ，
化 作 春 ☐3 更 护 花 。

请从字盒里找出下列位置的汉字

3 - 4

5 - 6

7 - 10

请将字块填入合适的方框中，并诵读诗歌。

《赠汪伦》 (唐·李白)

李 白 乘 舟 将 欲  ，
1

□ 闻 岸 上 踏 歌 声 。
2

桃 花 潭 水 深 千 尺 ，

不 及 汪 伦 送 我  。
3

借鉴众多知名德国教具思路，字游练习册，将以各种各样的有趣形式，涵括方方面面的主题，从低阶的简单图片汉字配对，趣味填空，同义反义词配对到高阶的古诗词、故事、谜语、接龙等等，通过各种形式的小游戏，让学习者们在各种语境下有乐趣的活学活用每一盒的每一个汉字。

练习册的每张题卡都带有自检功能，在让学习者做完练习之后，可以对照答案自己检查。

配合字游的这套练习册一定对学习中文的朋友，从学习汉字入门到自主阅读是一个绝佳的辅助工具书。我们也特别建议小朋友利用字游和字游练习册学习中文时，家长能够积极参与，引导和协助孩子，在愉快的气氛中，促使小朋友大大提高学习中文的兴趣，启发孩子学习中文的方法。

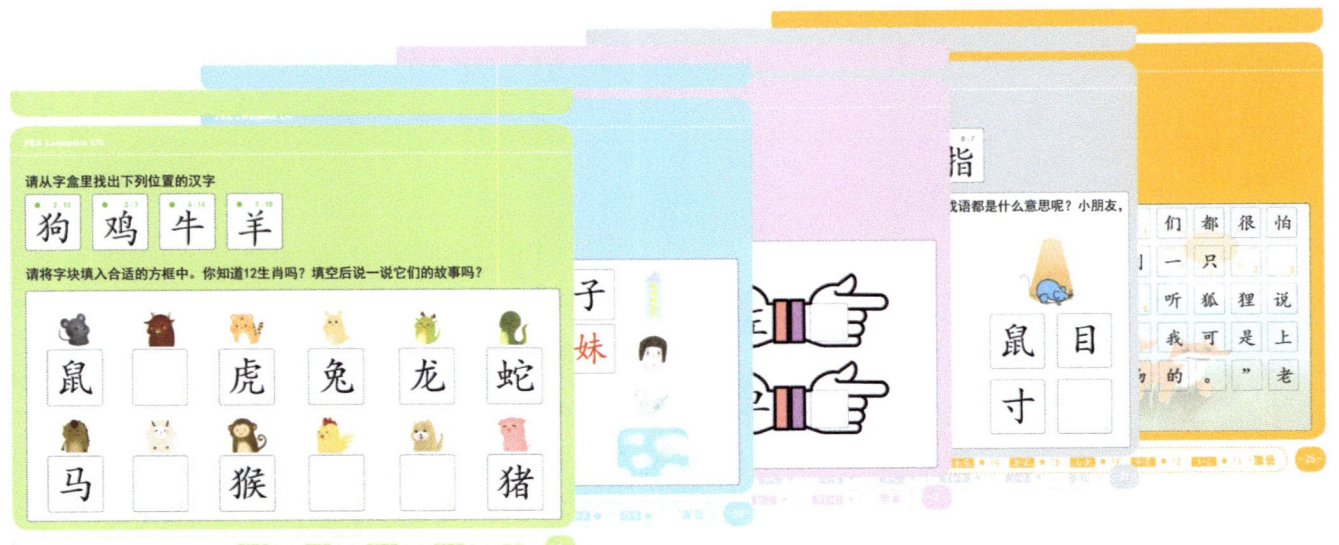

Bibliografische Information der Deutschen Nationalbibliothek: Die Deutsche Nationalbibliothek verzeichnet diese Publikation in der Deutschen Nationalbibliografie; detaillierte bibliografische Daten sind im Internet über dnb.dnb.de abrufbar.

© 2019 FEA Lernspiele UG
Herstellung und Verlag: BoD – Books on Demand, Norderstedt

ISBN: 9783750427952